My First Siddur

an illustrated introduction

to the Siddur

for pre-readers and beginners

by Yocheved Ehrman

BLOCH PUBLISHING CO, INC.
NEW YORK, N.Y.

My First Siddur

Copyright © 1978 by Yocheved Ehrman

All rights reserved.

Library of Congress Catalog Card Number: 78-59778
I.S.B.N. 0-8197-0463-6

All rights reserved.
No part of this book may be reproduced in any form
without written permission from the publisher.

Printed in the United States of America.

In memory of my father
Jack Glick ע״ה

I like to go to *shul* (synagogue).
I like to *daven* (pray).
I would like to understand
what everybody in *shul* is saying to *Hashem* (G-d).
Come along with me as I learn
what all Jews say when they *daven*.

Even though I may not be old enough
to understand all of the words in the *Siddur* (prayer book),
My mommy says I am still old enough to *daven!*

I am old enough to sit quietly,
Next to my Daddy or Mommy, in *shul*,
And I am old enough to *DAVEN!!*

What do I do when I *daven* ? ? ?

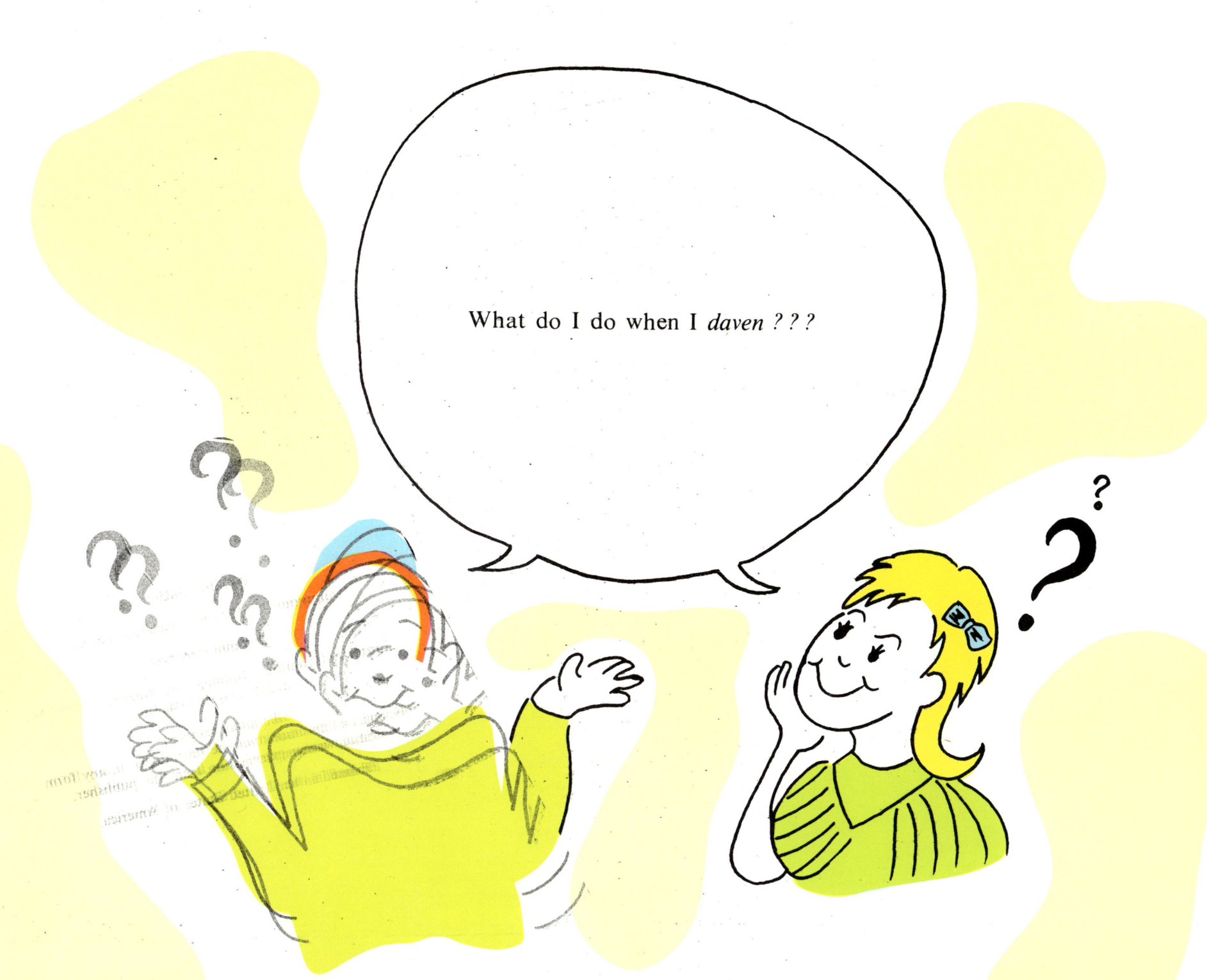

מוֹדֶה אֲנִי לְפָנֶיךָ, מֶלֶךְ חַי וְקַיָּם, שֶׁהֶחֱזַרְתָּ בִּי נִשְׁמָתִי בְּחֶמְלָה רַבָּה אֱמוּנָתֶךָ:

I thank *Hashem* for waking me up every morning.

בָּרוּךְ אַתָּה ה׳, אֱלֹקֵינוּ מֶלֶךְ הָעוֹלָם,
אֲשֶׁר קִדְּשָׁנוּ בְּמִצְוֹתָיו
וְצִוָּנוּ עַל נְטִילַת יָדָיִם:

If I am a boy, I thank Him for
the *Mitzvos* (commandments) boys can do.
If I am a girl, I thank Him for
the *Mitzvos* girls can do.
There are many *mitzvos* BOTH boys and girls
can do. Can you find some of them
in this picture?

בָּרוּךְ אַתָּה ה׳, אֱלֹקֵינוּ מֶלֶךְ הָעוֹלָם,
אֲשֶׁר בָּחַר בָּנוּ מִכָּל הָעַמִּים
וְנָתַן לָנוּ אֶת תּוֹרָתוֹ.
בָּרוּךְ אַתָּה ה׳, נוֹתֵן הַתּוֹרָה:

I thank *Hashem* for giving me the *mitzvah* of learning *Torah* each day.

I thank *Hashem* for making me a Jew.

בָּרוּךְ אַתָּה ה', אֱלֹקֵינוּ מֶלֶךְ הָעוֹלָם,
מַלְבִּישׁ עֲרֻמִּים:

בָּרוּךְ אַתָּה ה', אֱלֹקֵינוּ מֶלֶךְ הָעוֹלָם,
שֶׁעָשָׂה לִי כָּל צָרְכִּי:

I thank Him for the nice clothes I wear,
and the shoes on my feet.

וְדַבְּקֵנוּ בְּיֵצֶר הַטּוֹב וּבְמַעֲשִׂים טוֹבִים,
וְכֹף אֶת יִצְרֵנוּ לְהִשְׁתַּעְבֶּד לָךְ.

I ask *Hashem,* "Help me to be a good child."
"Help me do good things
today and every day."

ה' בַּשָּׁמַיִם הֵכִין כִּסְאוֹ
וּמַלְכוּתוֹ בַּכֹּל מָשָׁלָה:

קָרוֹב ה' לְכָל קֹרְאָיו,
לְכֹל אֲשֶׁר יִקְרָאֻהוּ בֶאֱמֶת:

I thank *Hashem* for being King over the WHOLE WORLD.

I thank *Hashem* for being close to me, and close to all people, so close that He can hear anybody who calls to Him for help!

עֹשֶׂה מִשְׁפָּט לַעֲשׁוּקִים,
נוֹתֵן לֶחֶם לָרְעֵבִים, ה' מַתִּיר אֲסוּרִים:
ה' פּוֹקֵחַ עִוְרִים, ה' זוֹקֵף כְּפוּפִים, ה' אוֹהֵב צַדִיקִים:

He helps all people:

Hungry people,

sad people,

sick people,

and even people
who have done wrong things,
but want to do better.

הַמְכַסֶּה שָׁמַיִם בְּעָבִים, הַמֵּכִין לָאָרֶץ מָטָר,
הַמַּצְמִיחַ הָרִים חָצִיר:
נוֹתֵן לִבְהֵמָה לַחְמָהּ, לִבְנֵי עוֹרֵב אֲשֶׁר יִקְרָאוּ:

He puts clouds in the sky.

He sends rain

so grass can grow.

He makes sure there is food for
all the many animals in the world.

אֵשׁ וּבָרָד, שֶׁלֶג וְקִיטוֹר,
רוּחַ סְעָרָה עוֹשָׂה דְבָרוֹ:
הֶהָרִים וְכָל גְּבָעוֹת, עֵץ פְּרִי וְכָל אֲרָזִים:
הַחַיָּה וְכָל בְּהֵמָה, רֶמֶשׂ וְצִפּוֹר כָּנָף:

SUN,
MOON,
STARS,
WIND,
SMOKE,
SNOW,
BIRDS,
SHADE TREES,
FRUIT TREES,
FIRE,
MOUNTAINS,
HILLS,
ICE,
WILD ANIMALS
CREEPING SNAKES,
QUIET ANIMALS,

מַלְכֵי אֶרֶץ וְכָל לְאֻמִּים,
שָׂרִים וְכָל שֹׁפְטֵי אָרֶץ:
בַּחוּרִים וְגַם בְּתוּלוֹת,
זְקֵנִים עִם נְעָרִים:

KINGS,

GENERALS,

JUDGES,

OLD PEOPLE,

BOYS, GIRLS, YOUNG PEOPLE,

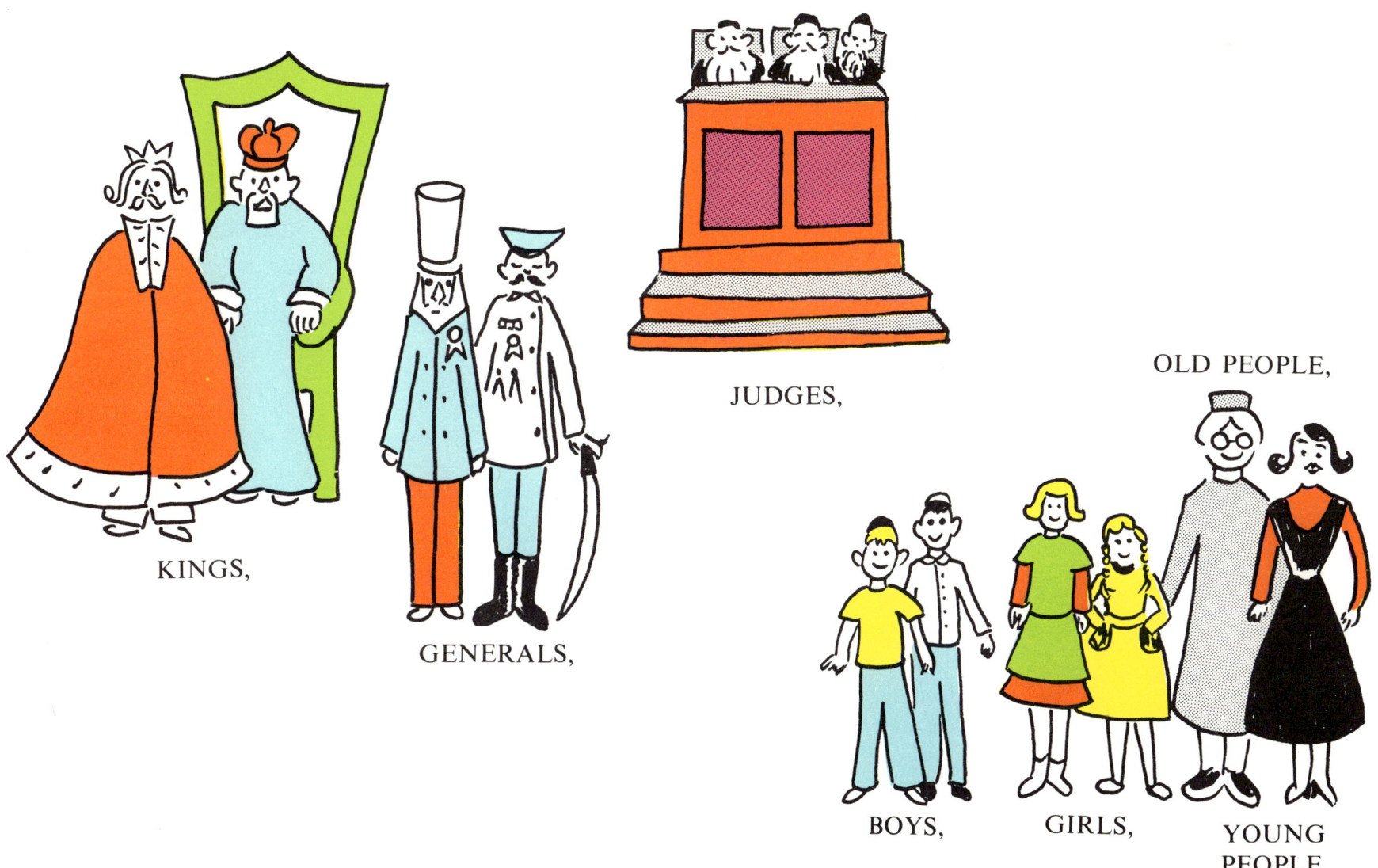

יְהַלְלוּ אֶת שֵׁם ה׳
כִּי נִשְׂגָּב שְׁמוֹ לְבַדּוֹ,
הוֹדוֹ עַל אֶרֶץ וְשָׁמָיִם:

Everybody LOVES *Hashem*, and we all obey Him!

וַיַּרְא יִשְׂרָאֵל אֶת הַיָד הַגְדֹלָה אֲשֶׁר עָשָׂה ה' בְּמִצְרַיִם וַיִּירְאוּ הָעָם אֶת ה', וַיַּאֲמִינוּ בַּה' וּבְמֹשֶׁה עַבְדּוֹ:

I thank *Hashem* for making many miracles for the Jews in *Mitzrayim* (Egypt), and saving us from *Pharoah* and his army.

בָּרוּךְ אַתָּה ה', אֱלֹקֵינוּ מֶלֶךְ הָעוֹלָם,
יוֹצֵר אוֹר וּבוֹרֵא חֹשֶׁךְ
עֹשֶׂה שָׁלוֹם וּבוֹרֵא אֶת הַכֹּל:

קָדוֹשׁ, קָדוֹשׁ, קָדוֹשׁ, ה' צְבָקוֹת,
מְלֹא כָל הָאָרֶץ כְּבוֹדוֹ:

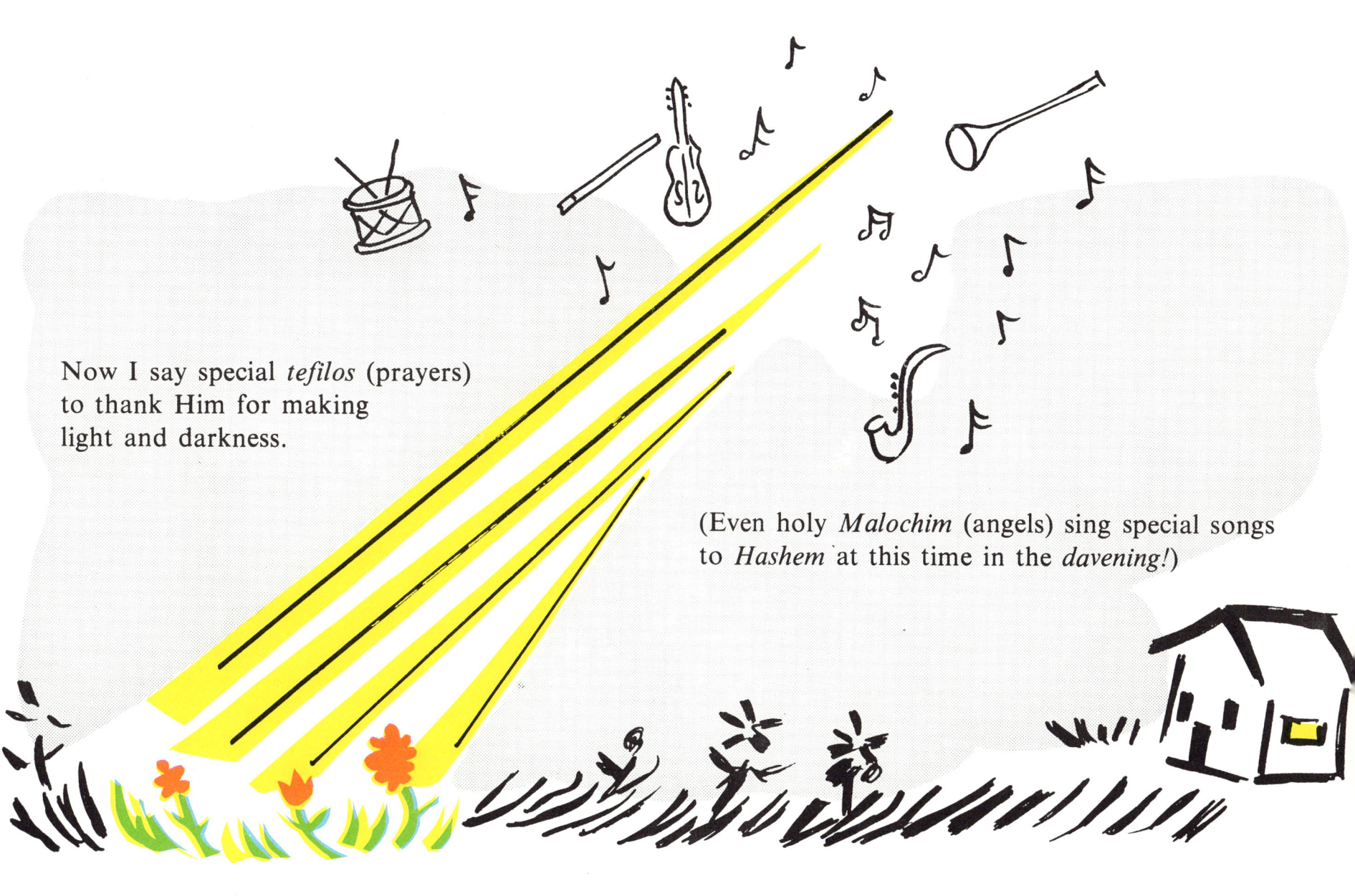

Now I say special *tefilos* (prayers) to thank Him for making light and darkness.

(Even holy *Malochim* (angels) sing special songs to *Hashem* at this time in the *davening!*)

אָבִינוּ אָב הָרַחֲמָן, הַמְרַחֵם, רַחֵם עָלֵינוּ,
וְתֵן בְּלִבֵּנוּ בִּינָה לְהָבִין וּלְהַשְׂכִּיל,
לִשְׁמוֹעַ לִלְמוֹד וּלְלַמֵּד, לִשְׁמוֹר וְלַעֲשׂוֹת
וּלְקַיֵּם אֶת כָּל דִּבְרֵי תַלְמוּד תּוֹרָתֶךָ בְּאַהֲבָה:
. . . וְתוֹלִיכֵנוּ קוֹמְמִיּוּת לְאַרְצֵנוּ:

I ask *Hashem*,

"Help me learn *Torah*,
Help me understand *Torah*,
Make me want to do
many many *mitzvos*."

"Please *Hashem*, bring all Jews back
to *Eretz Yisroel* to live in peace."

שְׁמַע יִשְׂרָאֵל ה׳ אֱלֹקֵנוּ ה׳ אֶחָד:
בָּרוּךְ שֵׁם כְּבוֹד מַלְכוּתוֹ לְעוֹלָם וָעֶד:

I am now ready to say the *SHEMA*!
Can YOU say the *SHEMA*?

The *SHEMA* reminds us to learn *Torah*, and do *mitzvos* at ALL times:

At home, on the road, when we go to sleep, and when we wake up.

ה׳, שְׂפָתַי תִּפְתָּח וּפִי יַגִּיד תְּהִלָּתֶךָ:

The *SHEMONEH ESRAY* is a very special *tefillah*.

All of the people in *shul* stand up for this *tefillah*.

SHHHHHHH ! ! ! !

The *shul* becomes very quiet, everyone stands very still.

Feet together.

Eyes in the *siddur*.

We are now asking *Hashem* for many kinds of help . . .

הֲשִׁבֵנוּ אָבִינוּ לְתוֹרָתֶךָ
וְקָרְבֵנוּ מַלְכֵּנוּ לַעֲבוֹדָתֶךָ,
וְהַחֲזִירֵנוּ בִּתְשׁוּבָה שְׁלֵימָה לְפָנֶיךָ:
בָּרוּךְ אַתָּה ה׳ הָרוֹצֶה בִתְשׁוּבָה:

סְלַח לָנוּ אָבִינוּ כִּי חָטָאנוּ . . .

רְפָאֵנוּ ה׳ וְנֵרָפֵא . . .

וְלִירוּשָׁלַיִם עִירְךָ בְּרַחֲמִים תָּשׁוּב . . .

שְׁמַע קוֹלֵנוּ ה׳ אֱלֹקֵנוּ . . .

"Please help us to be good Jews."

"Please forgive us when we make mistakes."

"Please, make sick people better again."

"Please, rebuild *Yerusholayim* (Jerusalem) and return all Jews to *Eretz Yisroel* to do *mitzvos* there together."

"Please, listen to our *davening*, *Hashem*, our good and powerful king!"

SEE? Mommy WAS right! I AM old enough to daven.
Well, *everbody* is VERY PROUD of ME!!!
Isn't it wonderful to be old enough
to go to *shul*, and REALLY *DAVEN!*